NEGRA EFEMÉRIDE

NEGRA EFEMÉRIDE

JORGE MANZANILLA

Valparaíso
EDICIONES

Número 509 de la Colección VALPARAÍSO DE POESÍA
dirigida por FEDERICO DÍAZ-GRANADOS

Diseño de la colección: Chari Nogales

Maquetación: Ciclo Creativo

Primera edición: agosto de 2025

© De los poemas: Jorge Manzanilla

© Valparaíso Ediciones
C/ Fray Leopoldo, 7 bajo, 18014 Granada
www.valparaisoediciones.es

ISBN: 979-13-87538-70-5
Depósito Legal: GR 978-2025

Impreso en España - *Printed in Spain*
Gráficas Gami

El papel utilizado para la impresión de este libro está calificado como papel ecológico y procede de bosques gestionados de manera sostenible

NEGRA EFEMÉRIDE

El comienzo es la parte más importante del recorrido.

PLATÓN

MANIFIESTO A LA RES PÚBLICA QUE:

Aquí deambula todo espíritu de la metáfora,
creemos que, en el incendio de la casa,
se culpa a una osamenta de paz.
¿Quién abre una parcela de nuestro cuerpo?
¿Por qué el sol extirpa su gloria?
¿Cómo el padre extendió sus brazos?
Y ahora sangra la vida
en otra fracción de pan.
Hemos aprendido a conciliar la muerte
en cada guerra que se disipa.
Esta es la herencia que no se derrama
en palabras como hambre, sequía, soledad.
Edificamos un cielo en los párpados,
y en su consagración, solo nos queda el vacío.
/Oremos
Cuerpo de la inmaculada tiranía,
desarmado en su cruz.
Cuerpo fúnebre,
desarmado en su cruz.
Cuerpo como nido de serpiente
que extiende sus alas de llanto.
Buscamos la Palabra
bajo el polen de nuestros miedos.
Aquí deambula todo espíritu de la metáfora,
creemos que, en el incendio de la casa,
se culpa a una osamenta de paz.
¿Quién abre una parcela de nuestro cuerpo?
¿Por qué el sol extirpa su gloria?

11

¿Cómo el padre extendió sus brazos?
Y ahora sangra la vida
en otra fracción de pan.
Hemos aprendido a conciliar la muerte
en cada guerra que se disipa.
Esta es la herencia que no se derrama
en palabras como hambre, sequía, soledad.
Edificamos un cielo en los párpados,
y en su consagración, solo nos queda el vacío.
/Oremos
Cuerpo de la inmaculada tiranía,
desarmado en su cruz.
Cuerpo fúnebre,
desarmado en su cruz.
Cuerpo como nido de serpiente
que extiende sus alas de llanto.
Buscamos la Palabra
bajo el polen de nuestros miedos.

CAPÍTULO 1:
CARRIZO Y OCARINA

SERPIENTE VERDE

Serpiente verde, de comal que cascabelea entre las hojas
y las piedras,
serpiente verde de ajolote, aún resuena la lumbre con su
águila,
decimos: ahí viene, para ocultarnos los ojos con su fuego.
Serpiente verde abre el mar y arrastra la tormenta a la
piel de los muertos,
serpiente verde con su campo de copal y su mirra
envenenada,
diente de serpiente en cruz de espinas, diente de
serpiente de ácida montaña,
piel de serpiente, en su incienso brinda al sol su gallo
ensangrentado.
Serpiente de primavera, serpiente de verano, de otoño y de
invierno,
toma al hombre árbol y al hombre de arcilla, baja al Xibalbá
y sube al islote,
este es tu huerto de manzanas, este es el verdor de la carne
muerta,
serpiente caña y su árbol de sombra con los fugitivos tristes,
así se inicia la estulticia de las rocas en el llanto del nopal
embravecido.
Serpiente de altar, con su relámpago parte la nube en dos.
Y ahora es serpiente de dos cabezas, que no quiere más
agua bendita.
Serpiente verde que retuerce su cascabel por nuestra nuca
Serpiente que nos corta y nos llena de polen la panza.
Y ahora somos hijos de serpiente verde que arranca la
piel del sol.

II

Santísima serpiente, cortas la palabra de Dios
y este es el fruto de la ira, carne muerta.
Serpiente sábila y sábila serpentina
corta el cristal del agua que nadie bebe.
Serpiente espectro de epidermis inasible,
subes al grito de la flor que apenas silba tu sed.
Serpiente sin fe y serpiente del Salmo veintitrés.
Solo quiero que seas sincera y sepamos los secretos
Dinos a todos la verdad, ahora que no hay frailes
¿De qué expedición estamos hablando?

III

Una serpiente blanca baña los ríos,
un dedo de agua rosa la curva del aire
y se va huyendo al susurro de serpiente blanca.

Una serpiente blanca busca su instante
para mostrarnos el bosque en su cola
para mostrarnos su rostro de lluvia
y no desvanecer su atroz escama.

Serpiente blanca, noctámbula niña
Dulce Quetzal, racimo de plumas.

Serpiente blanca que lleva el fuego
de todo lo que somos o podríamos ser.

SERPIENTE ROJA

Serpiente de copal o de carrizo
Solo sabemos que está sangrando
y quizás es en el nombre de Dios.
Serpiente mártir, franciscana
Estruendosa, espinosa.
Serpiente roja, deja de esconderte
Serpiente proselitista, evangelizadora, misionera.
Serpiente emancipada, seductora, sacrílega.
Serpiente, eres una hija de Hernández de Córdoba.
o dinos si eres hija de Juan de Grijalva.
Serpiente mentirosa, roja y endecasílaba.
Nos pasamos el tiempo y vivimos en el clarasol del día.
Invento palabras y salmos para ti, son tuyas.

Serpiente roja, estulticia, tú sabes que estas no son tus épocas.
Eres serpiente en guerra independentista.

Serpiente roja, yo sé que estás en las alhóndigas
duermes en las manos de Iturbide
y en la trenza de Josefa Ortiz de Domínguez.

Serpiente roja, ondea tu sangre
ahora que estamos presentes.

II

Serpiente roja
Las paredes palpan mi rostro,
La luna menguante cosecha su espiga
y ahora estamos abriéndonos la lengua
para encontrar alguna palabra
que sepa pronunciarte.
Serpiente roja que arrastra su rabia,
Saliva que agangrena todo lo que reverdece
Parece que sabemos quién se lleva tu pantano,
y quién nos roba el cuarzo de los párpados.
La serpiente verde entra al bosque
de nuestras venas, esa es su casa
y recorre la fértil y evangélica hiel.

SERPIENTE ESPINA

Serpiente espina
¿De cuántos vástagos se llena el cielo?
Si de una espina gira el sol,
y ahora se le ven las escamas
a lo que se parece a la noche.
Serpiente espina,
ve por Hidalgo que ya va por López Rayón.
Serpiente roca que rompe el cerro que roe
la antorcha embravecida de Juan Aldama
Serpiente envenenada, rota, roja y espinosa:

Que esta cabeza edifique la patria
sobre esta muerte, glorifiquemos.

EPÍSTOLA DEL ÁGUILA

A Nuestro hermano magnánimo de hiel
compañero en el oficio del odio
Dimas y Gestas en vuestras luchas,
y a toda la comunidad que se reúne en vuestra casa:

Tengamos la gracia de Dios Padre en estos clavos que hablan de vuestra crucifixión. Demos gracia al cálido aire embravecido de estos aposentos. Que mi querido José Venancio beba la hiel que se ha derramado en castas. Que el Águila corte la bilis de su piedra y venga por vosotros que estáis en las costillas de Barbachano y todos bailaremos en arcilla. Tengamos la gracia de Dios Padre que viene vestido de Santo Oficio y usa su lodo en la cara del sol. ¿De cuánto te has perdido, Jacinto? Pues estas rocas han apedreado a su Mesías y cortan la lengua del señalado. Venid a la corona de espinas de luz, que el águila no falla en su garra y sabrá cortar la garganta del desfavorecido. Oremos en la sombra del mestizo que ha tomado a Dios Padre de la mano y ahora nos arrodillamos.

Querido Jacinto, que esta epístola inmaculada no nos escupa. Recuerda que vuestras revelaciones han llegado al aliento del dolor y ahí estamos reunidos desde vuestro extravío. Tenemos a Tepich en el nido del mar y ahora irá por vuestro cuerpo, pues la guerra aún tiene las espinas del sol.

Yo, serpiente águila cubro vuestros ojos y oro por el corazón de Dios.

Que la gracia de Cristo Jesús, el Señor, esté con usted.

ÁGUILA DE PENCAS

Águila de pencas, sombra espinada,
raíz del aire que sangra en su vuelo.
Sombra y ruinas de un sol fatigado.
Péndulo verde de nubes y siglos,
alza y desciende, rompe, resurge.
Resurge y cabalga
Resurge y cabalga en Don Porfirio Díaz
junto a la serpiente blanca y la serpiente verde,
sueltan leones de plomo.
Esa es la república de alforjas
cuyas tierras galopa al trueno.

Elegías de Nuestra Señora Hiel,
surquen el ejército de Dios
y cortemos la marcha de los ángeles.

ÁGUILA NOPAL

En Torreón, el sol relincha sus hierros.
En Chihuahua pasa Villa galopando la frontera
así diremos: División del Norte.

A lo lejos, los caballos bajan las enaguas de la pólvora.

Estocada que recorre los caudillos
que aún disparan la nostalgia
y se atreven a mirar nuestro presente.

Hablar con la boca llena de odio
y nunca tragar los nombres de la guerra.

ÁGUILA ESPINA

Cuerpo de bilis, emplumado y viajero
Cantemos al Águila espina
que extiende su vuelo, extiende su lluvia.
El águila espina los mares, el cielo
y a veces hasta le cantan corridos.
Águila espina
Águila espina entre el lodo de Dios
entre los últimos días de Valentín de la Sierra.
Odio y fusil en el mismo estribillo,
Odio y fusil en la misma sombra de la cruz.
Águila espina
Águila espina
Águila espina
¿Ahora te carcomes la serpiente que asciende a las manos
del creador?

CAPITULO II:
ESTRIBILLO NACIONAL

Las piedras más grandes no pueden quedar bien asentadas sin contar con las más pequeñas.

PLATÓN

SIENES DE TLATELOLCO

Decía Jaime Sabines que:
La boca de los muertos nos escupen
una perpetua sangre quieta.
Yo creo que la sangre
es la que escupe a sus muertos,
los exhibe en las calles
y los decora con flores gubernamentales.

Cada crimen propone su música de plomo,
cada crimen presenta su versión de los hechos.
que van postrados por el reino de la nada.
Sienes blancas de oliva, torsos de pus
donde florecen palomas de paz.

Decía Jaime Sabines:
Confiaremos en la mala memoria de la gente,
ordenaremos los restos,
perdonaremos a los sobrevivientes,
daremos libertad a los encarcelados,
seremos generosos, magnánimos y prudentes.

Y ahora aquí estamos, en otra marcha de sangre asfalto
En otro día extendido al olvido de la nota roja.

SOLDADO HALCÓN

Todo verso duerme con sus muertos
Toda bala persigue su ira
toda la carne arrastra su sepulto.

Un soldado estira tanto su miedo
que mancha de sangre su nombre
y ahora embarra las calles.
Un cuerpo de cristo derrama su sal
mientras que la piel se abre tanto
que vemos sus habitantes
llenos de llagas y fantasmas.

Todo verso duerme con su Halcón,
dice el profesor de historia,
y luego nos dicta palabras como
Democracia, paz y libertad.

LAURELES DEL CHARRAS

Sobre esta página pasa el silencio vestido de luto,
Se enumeran los asistentes y secretarios de gobierno
Paso redoblado, himno nacional, flores en el torso del pasado
Guayabera blanca y el poema de Luz Estela,
La niña del sexto año de la escuela Miguel Hidalgo
Laureles del Charras, dice el poema declamado.
Debemos de respetar las rimas dice el jurado.
Aplausos, canapés, vino de honor y agua de Jamaica
para la pequeña Luz Estela.
Nadie habla del Charras,
Nadie habla de Loret de Mola.
Paso redoblado, una trompeta y un aplauso para irnos.

CAÑÓN ALDRETE

Palo Mayombe en el cuello de Dios.
Se pudre el vuelo del auxilio
y el silencio toma su cuerpo.
¿Qué hierro traga su propia lumbre?
Cruje la madera de los huesos,
¿Y el frío?
Apenas pulsa los nombres
que van entrando por las venas.

RELÁMPAGO DE JUÁREZ

Cada nombre asciende a su cruz y se va por el cielo,
cada vocablo ensordece su muerte.
Los nombres vienen de las ramas
y rompen la madera de la noche.
Nos hemos acostumbrado a la arena
que devora los huesos del sol
porque toda agonía huye en nosotros.

Entonces ¿Por qué se encadena la escena del crimen?
si nos hemos acostumbrado al letargo de la calma.
Solo el relámpago de los pasos
se atreve a ver la sombra
que deambula en las maquilas.

Poco a poco se va escondiendo
el abismo que pasó por los ojos de los años.

PÓLVORA DE AGUAS BLANCAS

Es un cielo.
Es un cielo porque el cerro azota su ola
y se lleva el hierro de la piel.
Es un cielo porque existen rocas que emergen el sol.
Es un cielo de aguas blancas
que se vuelven aguas turbias.
Turbias, rojas y lodosas, con casquillos,
con olor al campo recién regado por la lluvia.
Vereda descarnada, fuzilada, enverdecida de ódio.
Se repiten las notas periodísticas con el sonsonete de:
No hubo detenidos, se harán investigaciones.
Es un cielo de caídos, lluvia invertida a su raíz.
Agua blanca herida.

PLUMA ACTEAL

Sobre esta página no se encuentran culpables,
tampoco hay un rastro o cuerpo encontrado.
Ciertamente hay balas, pero no corresponden a nadie.
Alguien olvidó sus balas en la tierra,
porque querían sembrar el metal y edificar algo que no
sabemos.
Reescribieron la letra con sangre
y ahora se transparentan los nombres.

RUINAS DE ATENCO

Pregunten
¿Quién removió la casa de los padres?
¿Por qué se nos caen los dientes al dormir?
La muerte embaraza las pérdidas
mientras nos acostamos al plomo.

Pregunten
Por todas las veces que el desamparo
buscó a los hijos cual Herodes
y ahora todas las palabras
se van formando a la vereda del cerro.

Pregunten
Que ahora nos olvidamos
de todo lo que está escribiendo el mar.

CORDERO DE BALA
EN TIEMPOS DE NARCO GUERRA

El cuerpo recorre las formas que cortan la luz.

Hay que levantarnos/ vamos a rezar/ dejemos todo en
manos de Dios/ Hervimos en el padrenuestro y se caen
los ángeles de la boca.
Aprendemos el vocabulario del día: armas, cartucho,
decapitados.
Ver, oír y calla como el mandato de noche:

Artículo 118.1 g) de la Ley de Enjuiciamiento Criminal

*a) Derecho a guardar silencio no declarando si no quiere, a no
contestar alguna o algunas de las preguntas que le formulen, o
a manifestar que sólo declarará ante el juez*

Vayamos a la iglesia, alejamos falsas amistades:

*Hay veces que no conviene
reprender a una persona;
lo mejor es quedarse callado.*
Eclesiástico 20

Aprendo que el silencio es un cuerpo desmembrado.

Un cuerpo arrebatado de nombres y adjetivos.

II
/RÁFAGAS

No soy
Que nadie salga
No soy quien
están afuera
No soy quien otorgue
mataron a tus primos y a tu padre
No soy quien otorgue la voz
hay más muertos.
No soy quien otorgue la voz o las manos
baja la voz, no salgas
No soy quien otorgue la voz o las manos que describen
estamos solos y en silencio
No soy quien otorgue la voz o las manos que describen lo
apacible
yo cuido tu cuerpo
No soy quien otorgue la voz o las manos que describen lo
apacible de esta tierra
mientras duermes

III
/DESAPARECIDO POR LOS ZETAS

Papá abre la puerta y mira conmigo el vacío de la infancia huele a cedro el tiempo perdido y es ahí donde nos sentamos, muy lejos de nosotros mismos, muy cerca de la mesa rota. La casa abre sus cortinas y desde afuera se mira la oscuridad arrojada al poema. La casa no es muy grande, apenas cabe su nombre y una sala morada donde ha visto caer el dolor. Yo no conozco la calle que pasa por el corazón de mi padre, apenas pasa la luz que me lleva a su casa. Ojalá, mi madre lea estos pasos que se van oscureciendo.

Todos mis días los cuelgan del puente.

IV
/LÁMPARA DE DISPAROS

Casi amanece debajo de mis ojos
pero no pasa nada.
Aquí la noche entra
por la llaga de nuestros cuerpos.
Hay narco-ciudades que nos toman del brazo
y nos golpean como el padre.
Hay narco-ciudades con el aliento
alcohólico y la nostalgia hervida
que ni parece infancia.

Este poema abre la calle
para luego azotarnos la puerta.

PÁGINA DE 49 COLORES EN GUARDERÍA ABC

¿Cuántos tonos de gris hay en la mano de Dios?

Se incendia el arcángel y baja Gabriel en su trompeta.
Así se llama a los jinetes del apocalipsis,
lo dice mientras el cielo divide su agua
y caen los ángeles y caen los santos.
(Una paloma arroja su paz y una mariposa incendia su luz)

El rojo baja sus brazos porque cae el blanco de las manos
azules, corta la plata de las palabras con su viento rosado.
Violeta viene con los padres amarillos de dientes negros,
se va el café de las ramas y se viste el cielo de verde
carmesí El marrón del llanto no tiene por qué ocultar la
transparencia que ha dejado Uriel en su hastiada púrpura.
Que Miguel no se lleve sus alas de ocre
ni que vayan más ángeles de oliva.
Encontremos la silueta fucsia
que viene con su menta embravecida.

SALMO 43 AYOTZI VIVE

Tú que todo lo oyes diremos que:
Este presagio parte la herida
y se va acercando al oído.

Y ahora nos habla:

Tú que has liberado la hambruna en los pueblos de Dios
y la ira se ha envuelto en tu manto de noche.
Ven a este tu pueblo. Gloria al borde del luto.

Tú que todo lo ves diremos que:
El altar baja el telón de los párpados
y ahora miras a quien está sentado a la derecha del
Padre.

Tú que todo lo hueles diremos que:
Toda huella respira con su muerto,
parece que palpitan su nombre.

Tú que todo lo muerdes diremos que:
El rosal de la lengua repite su oración
que ahora labra el día con su propio cuerpo.

CAPITULO III:
REPÚBLICA

AGUASCALIENTES

Los filos del odio abren su
cauce: hombre, 34 años tes morena.
En el pecho tres tiros.
¿Por qué el fuego se nos va en el eco?
porque toda muerte sube al manto de su
nombre y corre a pronunciar el luto impune.
Que el escarnio no sea un vaso vacío,
pues este poema tome la memoria
y abra los pétalos del día.

Si llaman a casa, aún contesta.

Juan Carlos extirpa un pecho de la vida

BAJA CALIFORNIA NORTE

¿Por qué hablamos en el nombre de quien muere?
Si tocamos el nombre y no una voz prestada.
Si tocamos el nombre no hay quien hable por ella.
Si tocamos el nombre está Marbella.
Decimos y ocultamos la nota tras los párpados.

Cada asesinada desgarra sus calles y corta los salmos.
(Estamos solas y en piyamas, dos disparos,
un cuerpo masacrado)
Se nos desgarran las manos por nuestras casas.

¿De qué sirve otra estatua de bronce entre tanta sangre?

Las asesinadas representan todas nuestras muertes
y todas nuestras veladas naciendo de los lirios.

Ojalá que este panfleto fuera solo un poema
y no otro grito en el nombre de Dios.

BAJA CALIFORNIA SUR

¿Cuántos poemas hablan del mar o por el mar?
He leído varios puertos:
Aquí hay una cruz tan grande que baja
Cristo a sangrar con ella.

Jesús Valtierra, 22 años y su nombre no se va en el mar.

Su voz está en el arenal de casa, esperando que vuelva,
esperando una llamada. Esta cruz es tan grande,
que caben todas las leyes mexicanas y hay más espacio.
¿De qué me sirven las palabras? Si se la lleva el eco
¿De qué sirven los volantes?
Si se pierden en el asfalto de la nada.
Jesús Valtierra abre las venas y disecciona La Paz.

Estamos solos.
Y nos pasa el desamparo en agua bendita y sin el cuerpo
encontrado.

CAMPECHE

Cada nombre multiplica su colmena
hasta la punta de la lengua.
Cada paso abre el eco,
se extiende el mar
y se dibuja la casa
en forma de brazos.
Ahí, todos duermen
                    A fuego lento.
Cada nombre viene de otro lado,
tantas voces repetidas en la arena.
Algo corta el pasado
y rueda el silencio en el espasmo de Laura,
cercenan su pecho en cascadas de odio,
brota la sangre y nos esparce su luz
19 años, crimen pasional, dice la nota.

CHIAPAS

Pareciera que todo llanto azota la tormenta,
sin embargo, el único azote no viene del cielo,
[Acá nada fluye]

12 balas, una desaparecida, menores de edad.

Esto no sé si es un sueño la marca del delirio.
No sé quién corta el vuelo a los pájaros.

[Acá nada fluye]

Entonces
¿Para qué nos subimos al altar que no corresponde?

Si Andrea, Carlos y Arturo no fueran un mantel de
sangre que sí fluye y se pronuncia en agua bendita.

CHIHUAHUA

Primer casquillo:
No encontraron pólvora, sólo coágulos de lo que pudo
ser un grito.
Michelle, dorso desnudo

Segundo casquillo:
Nadie se atreve a pronunciar porque hace falta un rayo
que venga y no se vaya.
Michelle, un tiro en la frente
Tercer casquillo:
Dícese que no toda muerta es de maquilas, un sol que
sale de los dientes.
Michelle, no se le encontró el resto de la dentadura
Cuarto casquillo: La familia.

¿De cuántas veladoras cuelgan nuestras muertes?

Ahora Dios nos divide en la fracción del pan.

CIUDAD DE MÉXICO

La luna posa ante la boca del sol.
Aquí no se ven los ángeles.
Toda rosa pierde su espina
y se injerta en el azote de Dios.
Azote de pólvora que respira dentro
de su llanura encendida.
    [Mariana, 12 años, 8 balas
por parte de su padre,
luego el suicidio de la madre.
En pleno vuelo cae la plegaria y se la bebe el río.
Toda rosa pierde su espina en agua bendita. Sangra el
día y se van los cuerpos del año
en la cuna del padrenuestro.

COAHUILA

No siempre hay calles que puedan vestirnos.

La ponzoña del agua
pasa por la espalda
entierra sus dientes.
Encuentran cuerpo
de adolescente,
violada, un familiar
encuentra la escena.
El miedo come entre las enaguas
de la abuela y la madre sólo prende la luz.
¿Quién repite el tiempo por la noche?

COLIMA

Asesinan a bebé de asfixia, tenía tres meses.
¿De qué luz nos vestimos para los santos solios?
En esta lámpara se abre el pétalo del fuego
y la noche tira su ceniza.
El llanto destila sus páginas para cantarle
a una cuna que aún no se mece.
Esta es palabra de Dios

DURANGO

¿Por qué le llaman crimen pasional?
Cuando afuera de nosotros está el desamparo que nace
entre los ojos de Memo.

Todo inicia en llamadas y termina en el rancho
como parte de una jauría de odio,

¿De qué nos sirve alejarnos de los criminales
cuando duermen en nuestra lengua?

Tres, cuatro, cinco apuñaladas que huyen con rumbo
desconocido y nadie aparece.
¿Quién maquillará la noche?
Edad 35 años y sólo hay pistas de ultraje y una peluca.

¿Cuántas palabras se necesitan para llenar
un vacío o una línea de investigación?
Si aún no hay un sol que salga a juguetear con la
esperanza.
Memo no llega.

Sobre este poema se edifica un nombre que abre sus ojos
al destierro de la vida.

ESTADO DE MÉXICO

Julián, ocho meses,
muere asfixiado por su padre.
Caen los dientes del
cielo y no alcanzan a mordernos.
Desde hace varios días,
un zumbido
viene al oído
y recorre las aguas
que apenas amamantan a Dios.
Desde mi ventana,
se abre el chasquido de la lluvia
y palpita el río la sed de otros muertos.
Cae la ventana de los ojos y se mira el desnudo de las calles.
Y este sí, es el cuerpo que se ha derramado
y ahora se multiplica en otra fracción de pan.

GUANAJUATO

De vez en cuando el envés abre sus párpados
y nos ve desde las entrañas del miedo.
La hiel recorre el sabor de sus entrañas
y luego escupe su sangre bendita.
            ¿De qué nota del día hablamos?
Si nuestro oficio, es un diente de leche
que poco a poco se va carcomiendo.
Es el corazón de la muerte,
escribimos otra nota sobre el asfalto.

Sobre esta piedra edifica a Sofía
Dos años de búsqueda y solo encontraron el cabello.

GUERRERO

¿Usaremos el jardín en la cabellera Hefesto?
Extirpan el corazón de dos menores, dice el titular de
octubre del 2012.
¿De qué nos sirve la crueldad de los árboles?
Si no tendremos un Judas que se cuelgue
ni una resurrección que se interponga.
El corazón toma su hiel y se derrama en los discípulos.

Esta es la sangre que nos toma de los labios
y abre el vocablo hasta nuestros días.
Sobre este escarnio se edifica una iglesia.

Este es el cuerpo que rompe el Cádiz Arca de todos los santos.
Oremos por toda la piel que se esparce en el cielo
y oremos para que no venga el Santísimo olvido.

HIDALGO

Si alguien sube a Caronte,
díganle que no se suben los nombres en su barca.
Que cada cuerpo respira al pronunciarse.
Lucía, 21 años, encontrada sin extremidades.
Que en este río pasa por los ojos y cruza la boca de Hades.

Si vemos los puños de Dios,
sentiremos el azote de los años
que se parten con el báculo de Moisés.

Ojalá, Orfeo, no corte la sonrisa de los
ángeles y venga un manto a cubrir a todas
las caídas y todos los nombres que se van incorporando.
Esta muerte no está en la derecha del padre.

JALISCO

Decían Axel y su nombre estaba a contraluz,
casi no se reconocía su cuerpo.
Una pulsera verde con su nombre
sigue tatuando la memoria.
"Actualmente, no hemos logrado localizar a la persona
reportada como extraviada. Continuaremos con la búsqueda
y se les informará de cualquier actualización. Se recomienda
estar atentos a cualquier nueva información y, en caso de
tener detalles adicionales, comunicarlos a las autoridades."
Pasan las navidades sin el regalo del abrazo.

Decían Axel y desaparecían otro familiar.
Decían Axel y se esfumaron todos en fosas comunes.

MICHOACÁN

La ira dibuja su luz
Poco saben que los milagros nacen vacíos
Y por eso todos callan.
El otoño crece y deshoja los pájaros.
En este cuerpo hay parques, escuelas
y otra ciudad entre los labios.
Nadie se atreve a pronunciar
porque hace falta un rayo
que venga y no se vaya
porque sólo así nos iluminamos.
Tenemos un sol que sale de los dientes
  Así nos tragamos las palabras y las mañanas.

MORELOS

Afrodita rapta los Campos Elíseos
y se esconde por el polen del sol.
Nadie sabía que el cielo corta
el aire de las flores ni mucho
menos pensarían el cielo como un verdugo.
¿Por qué nos amarramos al aire de las palabras? el oficio
del eco es tomarnos de las manos
y llorar en el torso de Ares.
El silencio sí se pronuncia.

Elvira lo supo en la trenza del mar,
12 puñaladas, un cuerpo impune
que se fue por la marea de la nota roja.

NAYARIT

Dios esconde los ojos en la fracción del pan.

        Reporte policial: Niña de tres años es
             asesinada por su tío.
La rabia del sol abre los labios y muerde el asfalto.
El cielo interrumpe su día y caen sus ángeles.
Y así Herodes repite su odio y nadie le corta la lengua.
Esta oscuridad asciende en el verbo que se hace carne.
Cada pausa toca el silencio.
        Cada pausa pudre su tiempo.

Y ahora el polen toma a Dios de la mano
y baja a visitar todos los muertos.

NUEVO LEON

Ana de 12 años, terminó la primaria:
Los labios del fuego exhalan su voz
que poco a poco camina hacia casa.
¿Quién culpa la tempestad retorcida del paisaje?

No todos los días la hiel entrega su cuerpo
y nos recuesta a esperar la sangre más caliente del día.

Por ejemplo:
hoy pasa Ana Roberta y toma el cuerpo el agua.
Noticia de fin de semana: solo encontraron extremidades.
Ella mese este verso sobres los años no brindados.
Repito su nombre y no cierra los ojos del pecho.
Repito su nombre y calla la casa, se cierra el silencio.
Los labios del fuego exhalan la voz
que no es de un monte baldío.
Los labios del fuego nos esparcen
el vocablo que sigue intacto.

OAXACA

Comala extiende sus ruinas y las pone frente al sol.
El galope de las horas arranca la piel de los días.
Familia Torres González,
no se encuentran a culpables
del múltiple homicidio,
suena la bocina del pueblo.
Juchitán vierte su tierra
sobre este silencio de Dios.
La caña roba la sed de los campos.
¿Cuántas palabras se suben
por el techo de la casa?
La muerte abre los labios
para predecir lo que somos.
La carne encuentra la bala
y pronuncia su rumbo.
Luego vendrá la hiel
con el cartílago reventado.
Familia Torres González,
no se encuentran a culpables
del múltiple homicidio,
suena la bocina del pueblo.
Juchitán vierte su tierra
sobre este silencio de Dios.
La caña roba la sed de los campos.
¿Cuántas palabras se suben
por el techo de la casa?
La muerte abre los labios
para predecir lo que somos.

PUEBLA

El otoño si gira en su molino de viento,
a veces se confunde a Moisés con Don Quijote
y solo así se beben el vino de los inocentes.
¿Por qué el paladar nos sangra?

Si aquí no hay un mar abierto
y solo hay fariseos abriendo las puertas.

El otoño se invierte a su molino y se revuelvan los nombres
y se revuelvan los mesías en penitencia.
¿Y si este es un molino de ceniza?

Quizás nos gira para revocar a los muertos con el manto de Dios
y este sea el turno de estrenar nuevos ídolos.
El molino de viento se sube a la barba de Moisés
porque se han borrado los mandamientos.

QUERÉTARO

Alma Rosa desaparecida, fue encontrada sin manos.

Cada nombre multiplica su
voz hasta la punta de la lengua.
Cada paso abre el eco,
que extiende el altar.
Así se forma la casa.

> *Cada nombre viene de otro lado,*
> *tantas voces en una voz.*
> Pareciera que pronunciamos
> lo que aparece y no lo que tenemos.
> En esta piel, no hay nada que se reconozca.

QUINTANA ROO

Carlos 6 meses, estrangulado y masacrado por su madre.

La mañana levanta su brasa y riega el mar emperlado
porque toda imagen toma su paz.
Esos labios suspiran su silencio.

¿Quién extiende la sábana del sueño?
Ser descanso eterno, ser vocablo
bendito entre los labios blandos del miedo

Aún escuchamos estas palabras.

SAN LUIS POTOSÍ

Alondra, 2 años y ahogada por su padre.
Yo quisiera que el padrenuestro no tuviera las manos en los ojos
que no seamos un *reality show* de un horror televisado
desde el cielo. Lo que decimos se extiende en un silencio
que no abandona la casa. Nuestra voz abre su jardín y
corta el pétalo de nuestra miseria.
Y ahí se va aullando el espectro que huyó del pecho
y ahora crea su propia noche y sus propios hijos.
Así el llanto de un bebé que ahora nos arrulla.

Este es el verbo que ha sido derramado y su reino del
olvido no tendrá fin.

SINALOA

¿De qué nos disfraza el silencio?
Si aún pasan los nombres de 23 nacidos
sobre la hoguera de sus padres que ahora miran
las palabras a contraluz.
Todos los días partimos de la misma pregunta y el mismo ayuno:

¿De qué nos disfrazará el silencio esta mañana?

"Los padres aún no saben si contó con la complicidad
de las autoridades sanitarias, del propio hospital o de
ambos. El comienzo fue el 1 de junio de 2015".
Y la sábana de los años extiende el luto diáfano.

El odio toma su miel y miramos adentro de nosotros.
¿Este es el envés que nos lleva el olvido o nos
quedaremos mirando 23 cuneros?

SONORA

Colonia Pueblo Nuevo con el pequeño Yancarlo de 4 años. Pareciera que en esta guerra nos amamantamos de pólvora y que lo inocente es una cifra de medios. Así nos abren la ventana y se abre el sol con sus ráfagas de odio.

Si miramos a Yancarlo, miramos un umbral que no nos distingue de la miseria. ¿De qué nos vestimos cuando matan a un bebé?
Pareciera que el luto nos uniforma a lo más parecido al dolor.
Pareciera que el dolor ríe entre los juguetes, se acuesta con nosotros
Pide que lo arrullemos y se le cante una canción que hable por todas las vidas que no tuvo.

¿Quién mira este poema que se pierde ante la nota roja?
Ojalá que todos lleguen a cenar.

La mesa está puesta.

TABASCO

Este poema encarna entre los muertos
y entierra la sangre por debajo de la lengua.
Afuera de nosotros, nadie viene
Adentro de nosotros, nadie viene
Entonces despojamos al
padre de todo credo y toda fe
porque nadie está sentado a nuestra izquierda.

En la derecha está la madre y teje un padrenuestro
que apenas puede taparnos.

TAMAULIPAS

Karen asesinada por su novio.
¿Por qué Dios no baja a buscar a sus hijas?
Díganle que baje del altar y apague las velas de nuestra lengua.
Que toda la hiel no cabe en toda la sangre,
ni toda la sangre cabe en la hiel.
Díganle que faltan uñas para seguir cavando todas
las muertas que pasan de minutero a minutero.
Que todo asesinato corta el gajo de los ojos,
que todo brazo arropa su sed.
Ojalá nos arranquen el vacío de la tristeza.
Díganle que ha dejado sus Judas por las calles y aún no
se cuelgan.
Aquí nacemos en la ausencia de todo individuo.

TLAXCALA

María asesinada por su hermano. 5 puñaladas.
Llamamos a las aguas para cantar al
árbol que va formando la piel de Adán,
el torso herido de Abel,
la barca rota de Noé,
el mar abierto de Moisés,
y el destierro de Caín.
¿En qué versículo encontramos a María?
¿Se sienta a la derecha o viene con el Espíritu Santo?
Esta casa toma su barca y expone la herida en su mar abierto.
En esa carne vive el destierro de Caín.
Ese es tu cuerpo que ha sido derramado,
ese es el vocablo que se sigue repitiendo
y su descanso no tendrá fin.

VERACRUZ

Martha y Clemente desaparecidos por un Cartel.

Se visten de eterno descanso
porque esa era la forma de tejer el tiempo.
¿Qué haremos cuando Dios suelte a sus perros?

¿Qué haremos cuando los perros suelten a Dios?
Vendrán los apocalipsis y se sentarán en la mesa.
Veremos a Dios caminar por nuestra sala
y así desfilarán todas nuestras muertes.

Nos vestiremos de un ser querido
y está vez el verbo no se hará carne
porque nos comeremos la ciudad que no tuvimos.

YUCATÁN

Mildred desaparecida rumbo a la carretera en Cancún

De nada sirve contemplar las calles
o caminar entre árboles que apenas hablan con el aire.

De nada sirve quitarnos el llanto de la cara
con todos los años que poco a poco
se van en el óxido de los pasos.
Hubiéramos tocado la puerta
antes de entrar al olvido.

De nada sirve esta oración
que toca su fuego con
miedo y nos vamos
columpiando hacia el
rostro de la infancia.
Se va cerrando el
día a través de la garganta.

ZACATECAS

Cinthia asesinada y encontrada a un arroyo.

El miedo del tiempo pasa por los
ojos y se acuesta en la sábana de octubre.
Esto no se parece al otoño pues esta sangre
abre las calles sobre las arterias.
Se caen los párpados y se caen
las voces ante los años impunes que nos miran.
¿En qué arroyo nos esconde la muerte?

La libertad significa ser dueños de nuestra propia vida

PLATÓN

ÍNDICE